LES DROITS DE LA FRANCE

SUR LE TERRITOIRE CONTESTÉ

LES
DROITS DE LA FRANCE

SUR

LE TERRITOIRE CONTESTÉ

PAR

Louis HÉRARD

CONSEILLER GÉNÉRAL DE LA GUYANE

MEMBRE DE LA SOCIÉTÉ DE GÉOGRAPHIE COMMERCIALE

DE PARIS

(Extrait de la Revue des Colonies. — *Mai 1896)*

PARIS

V. GIARD ET E. BRIÈRE

LIBRAIRES-ÉDITEURS

16, rue Soufflot

LES DROITS DE LA FRANCE

Sur le Territoire Contesté

Conflit franco-brésilien

> *Au point de vue colonial,
> il est indispensable de nous
> remettre à chaque instant en
> mémoire quelles fautes fu-
> rent autrefois commises sous
> la Royauté pour que la Ré-
> publique ne les commette pas
> à son tour.*
>
> GABRIEL BONVALOT.
> (Comité Dupleix).

La séculaire querelle entre la France et le Portugal (aujourd'hui avec le Brésil) au sujet du vaste territoire qui s'étend entre la rive gauche de l'Amazone au Sud, et l'Oyapock au Nord, est entrée dans une période aiguë depuis deux ans.

Un Français, créole de Cayenne, nommé Clément Temba, ayant sous ses ordres d'autres créoles, a, dans une expédition faite au mois de novembre 1893, découvert de riches gisements aurifères dans le haut de la rivière de Cachipour, non loin des sources mêmes de la rivière de Carsewène. Cette zone est la continuation de la zone aurifère de la Guyane française, commençant au Maroni, traverse les fleuves de Mana, Iraconbo, Sinnamary, Approuaque, Oyapock et se continue au Sud-Est de Cachipour, Carsewène et Mapa.

Après plusieurs mois de privations, Clément Temba et ses compagnons mineurs arrivèrent enfin, après avoir parcouru tout le bassin de l'Oyapock, sur un placer qui leur donna 12 kilog. d'or environ. Patriotiquement, ils firent part de leur découverte à tous les Guyanais, et peu après des expéditions s'organisèrent à Cayenne.

Voilà donc un point bien établi et qui a une grande importance : à savoir que l'or du contesté a été découvert par des Français dans une région inexplorée, habitée seulement par des Indiens autochtones, et à plus de 20 jours de canotage du littoral de la mer.

.·.

L'or importé à Cayenne du Contesté est soumis aux mêmes formalités et aux mêmes taxes d'entrée et de sortie que l'or exploité sur le territoire français guyanais : la France ayant toujours considéré le Contesté comme partie de la Guyane. C'est également ainsi, du reste, que les habitants du Contesté ont toujours apporté à Cayenne leurs produits tels que : couac, bétail, poissons salés, etc., sans acquitter aucun droit. Ils s'en retournent après avoir fait leurs approvisionnements de munitions de chasse, de vêtements, d'outils, etc.

En même temps que ces relations commerciales, les habitants des rivières de Mapa, Carsewène, Cachipour venaient à Cayenne soumettre à la justice française leurs différents ou y amener les criminels, soit également pour s'y marier, faire baptiser leurs enfants. Les Missions catholiques de ce pays ont toujours été faites par des religieux français envoyés par l'évêque de Cayenne qui étend son autorité spirituelle de l'Amazone au Maroni. La Propagation de la Foi lui remet tous les ans les subsides affectés à ces missions.

Ces populations habituées à l'autorité libérale de la France sont terrorisées aujourd'hui par un bandit nommé Cabral, encouragé par le gouvernement brésilien ; mais elles sont toujours disposées à s'annexer définitivement à la France qui maintient dans ces parages des chefs appelés *capitaines* ; tel le capitaine Trajane enlevé traitreusement par les bandits commandés par Cabral. Des subventions sont accordées chaque année à ces capitaines et sur leur demeure flotte le drapeau français.

Jusqu'en 1832 un poste de 24 hommes commandé par un sergent était entretenu à l'embouchure de Mapa. Ce poste supprimé, le capitaine de Mapa, jouissant d'une grande autorité sur la population libre de la rivière, reçut du roi Louis-Philippe un bâton de commandement, signe et emblème de son pouvoir (1).

Un second point nous semble donc bien fixé : l'autorité de la France établie, reconnue, effective sur les habitants de Mapa.

Le fait historique suivant vient encore appuyer ce qui précède. En 1849 le gouvernement brésilien voulant s'immiscer dans certains troubles intérieurs à Mapa, les habitants firent appel au Gouverneur de la Guyane française qui, d'accord avec son collègue de la Martinique, envoya l'escadre des Antilles, renforcée des navires de la station de la Guyane, faire une démonstration au Para, province du Brésil. Cet acte d'autorité prouve bien que la France n'entendait pas, à cette époque rapprochée de nous, laisser au Brésil la prétention de s'immiscer dans les affaires du Contesté.

De même aussi, cet appel à la France montre assez les sentiments de cette population, contrairement aux affirmations hasardées du gouvernement brésilien.

En 1856, et même dès 1852, à la suite de cette démonstration navale, le gouvernement brésilien entama des négociations qui n'aboutirent

---

(1) Sa femme, nommée Marie, était la filleule du grand-père de celui qui écrit ces lignes.

pas ; proposant à la France comme limite de côtes la rivière de Carsewène, située bien au nord de Mapa occupée par les Français depuis nombre d'années, ses prétentions ne pouvaient être sérieusement examinées et le *statu quo* continua.

Depuis le traité d'Utrecht, en 1713, la France possède la partie comprise entre le Maroni et la rivière que le célèbre Vincent Pinzon a découverte en 1500. Les cartes indiquent la baie de Vincent Pinzon à Macari, derrière l'île de Maraca près le cap Nord. Donc, d'après le dit traité les droits de la France s'étendent au moins jusqu'au cap Nord.

A notre avis, nos droits vont même beaucoup plus au sud-est puisque le traité de Madrid en 1801 fixait la limite de la Guyane à Macapa que nous occupions en 1743, et qui se trouve à l'embouchure de l'Amazone.

Nous avons lieu d'espérer que le gouvernement Français saura soumettre à l'arbitre accepté par les deux gouvernements de la France et du Brésil, tous les documents pouvant établir nos droits séculaires, se basant non seulement sur les traités existants mais encore sur le fait de l'occupation du Contesté par les Français. Car ce sont eux qui de tout temps ont colonisé ce territoire, et découvert, il y a deux ans à peine, de riches gisements aurifères.

Qu'on nous permette d'insister tout particulièrement auprès de ceux qui ont charge de nous protéger afin qu'ils réunissent tous les documents épars soit dans les bibliothèques du ministère, soit aux archives coloniales du conseil privé de la Guyane française.

Il serait en effet bien triste et bien décourageant pour les Français de la France équinoxiale de voir, que faute de preuves, l'arbitre, quelque impartial qu'il soit, tranche ce litige dans un sens défavorable ! Rappelons-nous l'affaire du Contesté de l'Awa, entre la Guyane française et la Guyane Hollandaise ; les documents français les plus importants sont parvenus trop tard à l'empereur de Russie ! Puissions nous par ce qui va suivre donner quelques indications au gouvernement français ! Nous pensons avec raison que la démonstration de nos droits n'a jamais été plus explicitement faite que par le résumé suivant, dont l'auteur, M. Romanet du Caillaud, géographe, a bien voulu autoriser l'insertion dans cette brochure. « La Rivière de Vincent Pinzon et la limite de la Guyane française du côté du Brésil. »

Le traité d'Utrecht de 1713 ayant été confirmé en cette question par le traité de Vienne en 1815, c'est au traité d'Utrecht que nous devons nous rapporter pour régler la limite de la Guyane du côté du Brésil.

Par le traité d'Utrecht, la France renonçait en faveur du Portugal (du Brésil aujourd'hui),

à la propriété des terres appelées « du cap Nord
et situées entre la rivière des Amazones et celles
de Japoc ou de Vincent Pinzon (art. 8) ; le Portugal ayant droit exclusif aux bords de la rivière
des Amazones, tant le méridional que le septentrional (art. 10) ; il était en outre interdit aux
Français de « commercer dans le Maragnan et
dans l'embouchure de la rivière des Amazones »
et de « passer la rivière Vincent Pinzon pour
négocier dans les terres du Cap du Nord »
(art. 12), enfin il était défendu aux mission-
naires français de pénétrer dans les terres sou-
mises au roi de Portugal (art. 13).

Dans la démonstration de ma thèse je ne
m'appuierai que sur les cartographes apparte-
nant à une nation ennemie de la France au
moment du traité d'Utrecht, à savoir sur des
cartographes hollandais.

Le traité d'Utrecht signé, les Portugais pré-
tendirent que le Japoc ou rivière de Vincent
Pinzon n'était autre que l'Oyapock. — Mais
alors il était inutile d'estropier ce nom dans le
texte du traité d'Utrecht ; car à cette époque le
nom de l'Oyapock était parfaitement connu ;
on l'écrivait en Hollande Wiapoco ou Wiapoca.
En 1625, des Hollandais chassés des bords de
l'Amazone par les Portugais, s'étaient au nombre de 46, réfugiés sur les bords du Wiapoco,
sous la conduite de Pierre de Bruyne.

Pour nous imposer l'Oyapock comme limite,

les Portugais ou Brésiliens ont dû prétendre que le cap Nord du traité d'Utrecht était le cap d'Orange.

Or, ces deux caps sont nommés fort distinctement au moins dans trois atlas hollandais antérieurs au traité d'Utrecht, et que les négociateurs de ce traité, discutant un territoire hollandais ont eu la facilité de consulter ; ces atlas sont :

1° Le théâtre du monde de Guillaume et Jean Blacu (Amsterdam 1640). Voir la carte Guiana viâ Amazorum regio.

2° L'Atlantis majorio quincta pars orbem maritimam continens, par « Jansonius ». Amsterdam, 1650.

3° Un atlas maritime imprimé par Frédéric de Wit, d'Amsterdam, sans date imprimée, mais qu'un ex-libris manuscrit fait remonter au moins à la date de 1699 ; voir la carte des Côtes d'Amérique, de Terre-Neuve au Brésil.

4° Nous trouvons la rivière de Vincent Pinzon sur les cartes d'Amérique du xvie siècle, tant dans l'atlas de Mercator que dans le Theatrum orbis d'Abraham Ortelius ; sur ces cartes cette rivière est immédiatement au Nord du cap Blanco, lequel y étant marqué le premier cap qui soit au Nord de l'estuaire de l'Amazone ne peut être que le cap du xviiie siècle.

I. — La rivière de Vincent Pinçon a réellement existé : son nom se trouve sur l'atlas de

Mercator (Duisbourg, 1595) et sur le Theatrum
orbis d'Ortelius (Anvers, 1570) ; mais je n'ai encore vu sur aucune carte son synonyme du
traité d'Utrecht, le Japoc ; j'ai seulement vu un
nom approchant, le Warypoco, placé au nord
du cap Nord sur la carte de la Guyane du
« Nouveau grand illuminant flambeau de la
mer » de Class Jansz Voogt. (Amsterdam, Van
Keubn, 1717, dont un exemplaire est à la bi-
bliothèque de la Société de géographie de Paris).

II. — Le Lago da Jac (carte Coudreau) peut
bien être une réminiscence du Japoc (Ja-poc),
le synonyme de la rivière de Vincent Pinzon,
d'après le traité d'Utrecht ; — d'autant plus
qu'on doit traduire Lago-da-Jac par lac de la
Jac et non par lac de Jac.

Mais il ne faudrait pas croire que ce lac exis-
tât au commencement du xviiie siècle. Les alluvions charriées par l'Amazone et rejetées sur la
côte voisine par le contre-courant de l'Océan,
ont dû modifier profondément la côte qui est au
nord des bouches de l'Amazone. Nous pouvons
l'induire de ce que nous montre la géographie
historique du delta du Tonkin, où la côte s'est
agrandie, où des îles sont devenues terre ferme,
où des arroyos ont été obstrués et d'autres ou-
verts par des crues d'eau. A sa fondation, au
viiie siècle, Hanoï était au bord du golfe du
Tonkin ; aujourd'hui cette ville en est à 25 lieues
à vol d'oiseau.

III. — Au commencement du xviiie siècle, le mot Rivière de Vincent Pinzon pouvait désigner deux choses : 1° le cours d'eau de ce nom, marqué sur les cartes de Mercator et d'Ortelius; 2° une baie du même nom ; car dans les langues portugaise, espagnole, italienne et française, le mot « ribeira, ribera, riviera, rivière », veut dire non seulement cours d'eau, mais encore « rivage, baie ».

C'est ce dernier sens qu'a adopté un cartographe hollandais, Louis Renard, agent de S. M. Britannique à Amsterdam, qui, en 1714, demanda à rééditer (son édition ne parut qu'en 1739) les *Tabulæ maritimæ* du Hollandais Frédéric de Witte (antérieures à 1699).

Dans sa réédition de la carte « de la côte américaine de Terre-Neuve au Brésil », il place au nord des bouches de l'Amazone et du cap du Nord la baie de Vincent Pinzon, qu'il écrit baie de Vincent Pison. Au nord de cette baie de Vincent Pinzon, se trouvent plusieurs points géographiques, parmi lesquels Carpoery, Ari-.kari et Clapepouri.

Le plan de cet estuaire, situé au nord du cap Nord, se trouve plus détaillé sur la carte de la Guyane du « Nouveau grand illuminant flambeau de la mer », déjà cité; mais, sur cette carte, cet estuaire ne porte ni le nom de Japoc, ni celui de Vincent Pinzon. Là, cinq cours d'eau se réunissent en un estuaire appelé Rio

Arowary : ce sont le rio Waripoco, le rio May-
purock, le rio Caypuroch, le petit rio Carypura
et le Macary. Le nom de cet Arowary se retrouve dans l'Ari Kari de la carte de Louis Renard et dans l'Araguary actuel.

IV. — Sur la même carte de la Guyane et sur
la carte de la partie du Brésil comprise entre le
cap Nord et le cap appelé Cuma au xviiie siècle,
il y a un autre Arowary, dont le cours con-
tourne une île appelée Carpory à l'extrémité de
laquelle est marqué le cap Nord. — Ce second
Arowary ne peut être, vu sa forme, que le canal
appelé aujourd'hui Furo (c'est-à-dire ouverture)
d'Araguary, et il doit être identifié à l'Arriwarie,
situé au sud du cap Nord, de la carte précitée
de Louis Renard.

De la forme de ce second Arowary on doit
déduire que le cap Nord du xviie siècle était le
cap actuellement appelé par les Brésiliens Ponta
Grassa. Les Portugais et les Brésiliens et, à leur
suite, les géographes des autres nations, ont
d'abord transporté le nom du cap Nord à un
promontoire plus septentrional, qui, au commencement du xviiie siècle, devait faire partie
des îles appelées Tarpory sur les cartes de Claas
Jansz Voogt, et situées au nord de l'île Carpory ;
puis, donnant à ce dernier cap le nom de Capo
Raso de Norte, ils ont appelé cap Nord une
pointe encore plus septentrionale, située sur la
côte de l'île de Maraca.

V. — Les îles Tarpori, dont il vient d'être question, sont le point géographique appelé Carpoery sur la carte de Louis Renard; or, cet auteur place, sur sa carte, Carpoery au nord de la baie de Vincent Pinzon.

Le nom de Carporey se retrouve aujourd'hui dans le nom de Carpory donné par les Brésiliens à la côte comprise entre l'embouchure de l'Araguary et le canal de Carapopory (1).

Par suite des dépôts d'alluvion, les îles Tarpory ou Carpoery se sont soudées à la terre ferme; l'embouchure de l'Araguary, qui était tournée vers le nord, a obliqué vers l'est; et la baie de Vincent Pinzon ou ancien estuaire de la bouche nord de l'Araguary s'est transformée en la région lacustre et marécageuse du « Lago Novo » et du « Lago-da-Jac ».

Ce nom de « Lago-da-Jac » pouvant très bien être une réminiscence du Ja-poc, le Japoc ou rivière de Vincent Pinzon eût été un estuaire compris entre la Ponta grassa (ancien cap du Nord) et une ligne passant au nord du Lago-da-Jac, c'est-à-dire un peu au sud de l'emplacement actuel de l'île de Maraca.

Ainsi, les îles Tarpory ou Carpoery du commencement du XVIIIe siècle, étant au nord de la baie ou rivière de Vincent Pinzon, appar-

---

(1) V. la carte du Brésil, dans l'atlas de Sticler, Gotha, Justus Perthes, 1887.

tiennent à la France, et les alluvions qu'elles
ont gagnées en se soudant, appartiennent également à la France, par le droit d'accession,
selon le droit des gens, *Jure gentium*, dit le
droit romain.

VI. — Le but des articles 8 à 13 du traité
d'Utrecht, étant uniquement de réserver au
Portugal-Brésil les deux bords de l'Amazone,
en empêchant les Français de passer la rivière
Vincent Pinzon pour négocier et acheter des
esclaves dans les terres du Cap-du-Nord, Ce
but était rempli en portant la limite franco-
brésilienne à l'affluent le plus méridional de
l'estuaire ou rivière de Vincent Pinzon, c'est-à-
dire à l'Araguary actuel.

Mais le traité d'Utrecht ne décida rien en ce
qui concerne les terres intérieures. Suivant le
principe du droit, ce en quoi ce traité n'innove
point, subsiste comme auparavant. Or, auparavant la France avait droit à tout le territoire
situé au nord de l'Amazone.

Les droits que le Brésil tient du traité d'U-
trecht ne peuvent donc s'étendre que sur une
largeur égale à la distance du bord septentrional de l'Amazone au cours de l'Araguary tel
qu'il était connu, lors du traité, c'est-à-dire sur
une largeur d'une douzaine de lieues environ.

Et, comme historiquement, la Guyane est
l'île continentale formée, d'une part, par la mer
et, d'autre part, par l'Amazone, le rio Negro,

la Cassiquiare et l'Orénoque, le Hinterland de la Guyane française doit s'étendre de l'embouchure de l'Araguary au cours du rio Negro.

En résumé, des documents cartographiques hollandais du commencement du xviiie siècle on peut déduire :

1° Que la baie de Vincent Pinzon était située entre le cap Nord et la région insulaire appelée *Carpoery* ou Tarpory;

2° Que cette région insulaire doit être aujourd'hui réunie au continent et répond à la région cotière appelée Carpory par les Brésiliens.

3° Que la baie de Vincent était au sud et bien au delà de la rivière appelée Clapepouri, aujourd'hui Carapapory, rivière que Lacondamine crut être la rivière de Vincent Pinzon.

4° Que dans la baie de Vincent Pinzon se jetait un fleuve appelé Arowary, aujourd'hui Araguary, dout le bras le plus méridional portait le nom de Warypoco, nom assez semblable à celui de Japoc, synonyme d'après le traité d'Utrecht de la rivière de Vincent Pinzon.

5° Que le but des articles 8 à 13 du traité d'Utrecht étant de réserver uniquement au Portugal-Brésil les deux rives de l'Amazone, ce but était atteint en portant la limite franco-brésilienne à l'affluent le plus méridional de l'Arowary (l'Araguary actuel) (1).

____

(1) Extrait de la Brochure de Romanet du Cail-

Importance du Contesté au point de vue industriel, agricole et commercial.

La partie de la Guyane française dite Contesté franco-brézilien, est évaluée à 60.000 kilom. carrés entre l'Oyapock et l'Araguary ; et, dans l'intérieur de l'Araguary au Rio Branco, d'après le traité d'Utrecht à 200.000 kilom. carrés. Ce territoire est composé en sa plus grande partie de vastes pâturages où l'élève du bétail serait une source de revenus importants. C'est ainsi que Pomme, nommé par la Guyane député à la Convention en 1792 possédait de nombreux troupeaux répartis en plusieurs ménageries dans les savanes situées entre les rivières de Ouassa, Cachipour et Carsewène.

Les documents de l'époque disent que Pomme ainsi que d'autres Français établis dans ces savanes, possédait plus de 10.000 têtes de bétail.

Les troupeaux sont nombreux aussi à Mapa; des goëlettes arrivent à Cayenne de cette provenance et les bœufs s'y vendent sur pied, de 250 à 350 francs, selon leur grosseur. La qualité de leur viande est appréciée surtout pour

---

laud : *La Rivière de Vincent Pinzon et la limite de la Guyane Française du côté du Brésil.*

ceux provenant des environs des lacs et des pâturages salins du littoral.

Les rivières sont navigables assez loin de leur embouchure et sont très-poissonneuses ; les côtes également. La pêche forme l'une des principales industries du pays. Le poisson salé est vendu soit au Para ou à Cayenne à un prix quelquefois assez élevé 5o, 6o et même 7o centimes la livre.

La base de la nourriture des habitants est le couac et le poisson salé. Le couac, c'est de la farine de manioc séchée sur de grandes platines en fonte chauffées. Le couac est fabriqué en grandes quantités dans toutes les localités du Contesté et exporté soit au Para ou à Cayenne selon les fluctuations du marché. Toutefois dans cette dernière ville il se vend plus cher à cause des mines d'or de la Guyane ; car il constitue un aliment très-portatif, très-nourrissant ; pouvant se conserver plusieurs mois et même plus d'une année. Quand il est bien préparé, le couac est très-apprécié des ouvriers mineurs. Son prix est de 4o centimes le kilo en moyenne.

De Ouassa, de Coripi, viennent de grandes quantités de bois d'acajou ainsi que d'autres bois de couleur propres à l'ébénisterie. Les madriers d'acajou d'une longueur de deux mètres, sur 8 ou 1o centimètres d'épaisseur et 4o centimètres de largeur se vendent de 12 à 2o francs selon la qualité du bois.

Le bois de rose femelle servant à fabriquer l'essence de bois de rose s'y trouve également en abondance. Il se vend à Cayenne 60, 70, 80 francs les 1000 kilogs ; dans cette ville se trouvent quelques usines qui extraient l'essence ; envoyé en France ce parfum se vend de 25 à 28 francs le kilog. Sur la place de Marseille le bois de rose se vend de 200 à 300 francs les 1000 kilogs selon les arrivages.

Les plumes de l'ibis blanc forment également une source de revenus. Nous indiquerons aussi comme objets d'exportation les carapaces de tortue, les oiseaux multicolores empaillés, les coques d'embarcation, etc, etc.

En outre des richesses forestières communes à toutes les Guyanes, ce territoire dit Contesté possède des placers découverts il y a peu de temps par des Français ainsi que nous l'avons exposé plus haut.

Depuis 1893 la quantité d'or expédiée en France par Cayenne est de plus de 9.000 kilogrammes. Malheureusement une plus grande quantité est perdue pour nos nationaux, ce territoire étant livré au pillage de maraudeurs venus de partout !

Le gouvernement français, au courant cependant de ce qui se passait, n'a pas su prendre des mesures énergiques affirmant les droits que nous avons sur ce vaste domaine. Pourtant dès le mois d'avril 1894, une délégation du conseil général de la Guyane présentait au gouverneur les doléances des Français se plaignant de voir envahis par des étrangers les territoires aurifères découverts par eux au Contesté et constatant qu'on faisait une concurrence déloyale au commerce français, par l'arrivé à Carsewène de navires américains débarquant vivres, outils et autres marchandises sans acquitter ni taxes, ni droits d'aucune sorte, supportés cependant par les marchandises françaises importées à Cayenne.

L'or expédié directement aux Etats-Unis ou ailleurs, sans acquitter de droits de sortie, attirait tous les maraudeurs des colonies étrangères d'Amérique et ne profitait qu'à ces aventuriers, au grand préjudice du commerce français.

Le gouverneur transmit les doléances des colons de la Guyane au ministre compétent qui s'empressa... de ne rien répondre. Les mois se passaient, et les Brésiliens alléchés par ces richesses, suscitaient les convoitises d'un nommé Cabral, ancien chef révolutionnaire au Para, lui donnaient des armes, des munitions et des hommes ; Cabral ne craignit pas de s'avancer jusqu'à Cachipour, pour soumettre le pays, prétendait-il, au gouvernement brésilien.

Enfin, le gouverneur de la Guyane résolut de punir l'enlèvement, par Cabral et sa bande, du capitaine Trajane de Counani et envoya une compagnie d'infanterie de marine à Mapa

où Cabral réfugié en dernier lieu s'était forti-
fié. Tout le monde se rappelle cette triste expédition, mal conçue et exécutée sans prépara-
tion. Le malheureux capitaine Lunier croyant
avoir affaire à un ennemi loyal s'avança impru-
demment réclamant la mise en liberté de Trajane; il fut assassiné; dans la mêlée qui s'en-
suivit six marins et soldats furent tués et une
quinzaine blessés; la bande de Cabral fut
anéantie et Mapa brûlé.

Aujourd'hui le sang français est venu sceller
nos droits séculaires; nous pourrions même
regretter de les voir soumis à un arbitrage; ils
sont justes. Un gouvernement moins pusilla-
nime les ferait triompher; mais puisque un
arbitre est nommé, accepté des deux gouvernements français et brésilien, soumettons-lui nos
documents, nos titres de propriété; ayons con-
fiance dans la droiture légendaire du peuple
suisse choisi pour trancher le litige; la décision
qu'il rendra en faveur de la France, respectera
et consacrera les droits de la justice et de
l'équité qui sont ceux de notre pays sur un sol
arrosé des sueurs des vaillants mineurs de la
Guyane Française et que le généreux sang de
nos marins a pour jamais fécondé!

Louis HERARD
Conseiller général de la Guyane,
Membre de la Société de géographie
commerciale de Paris.

Paris. — Imp. V. GIARD & E. BRIÈRE, 16, rue Soufflot.

Paris. — Imp. V. GIARD & E. BRIÈRE, 16, rue Soufflot.